선사시대부터 현대사까지 흐름 꿰뚫기

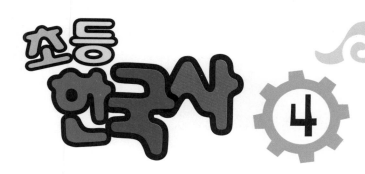

조선시대 1 : 조선 전기

공부한 달 :   년   월

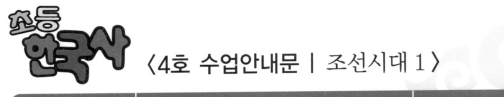

〈4호 수업안내문 | 조선시대 1〉

제목	학습 목표	학습내용
1차시 조선의 건국	· 조선의 건국 과정을 이성계, 정몽주, 정도전 등을 중심으로 이해한다. · 조선의 수도 한양과 조선의 궁궐 경복궁을 유교와의 연관성 속에서 파악한다.	01 이성계, 위화도 회군(1388) 02 고려 멸망, 조선 건국(1392) 03 조선의 수도 – 한양 04 조선의 궁궐 – 경복궁
2차시 세종 때 꽃핀 조선의 문화	· 세종 대에 이루어진 대외 관계와 4군 6진 개척의 의미를 이해한다. · 세종 대에 이루어진 문화, 과학 분야의 여러 성과를 이해한다.	01 세종이 왕이 되다! 02 조선의 대외 관계 03 문화의 발달 : 훈민정음 창제 04 과학의 발달 : 농업 과학 기구 발명
3차시 유교 문화의 확산	· 조선 전기에 왕과 양반들이 유교 문화를 보급하기 위해 노력한 과정을 이해한다. · 조선 시대에 유교 문화가 확산되어 백성들이 점차 유교 윤리를 받아들여 생활화하는 과정을 이해한다.	01 세종, 〈삼강행실도〉 02 성종, 〈경국대전〉 03 학교에서 유교를 가르치다 04 유교의 생활화 – 관혼상제
4차시 유교적 신분 질서	· 유교적 신분 질서 아래 양반과 중인, 상민, 천민의 생활 모습을 이해한다. · 조선 전기 여성들의 삶의 모습을 이해한다.	01 조선의 신분 제도 02 양반의 생활 모습 03 상민의 생활 모습 04 천민의 생활 모습

이 달에 배우는 한국사 연표

1359	1368	1388	1392	1394	1395
홍건적의 침입(~1361)	원 멸망, 명 건국	위화도 회군	조선 건국	한양 천도	경복궁 건립

1402	1416	1418	1420	1432
호패법 실시	4군 설치(~1443)	세종 즉위	집현전 확장	〈삼강행실도〉 편찬

1434	1441	1443	1446	1485
6진 설치(~1449)	측우기 제작	훈민정음 창제	훈민정음 반포	〈경국대전〉 완성

1 조선의 건국

학습목표

• 조선의 건국 과정을 이성계, 정몽주, 정도전 등을 중심으로 이해한다.
• 조선의 수도 한양과 조선의 궁궐 경복궁을 유교와의 연관성 속에서 파악한다.

학습내용

01 이성계, 위화도 회군(1388)
02 고려 멸망, 조선 건국(1392)
03 조선의 수도 – 한양
04 조선의 궁궐 – 경복궁

공부하고 스스로 평가하기

○ 이성계가 백성의 영웅으로 떠오른 배경과 위화도 회군의 의미를 말할 수 있어요. ☆☆☆☆☆

○ 이성계가 조선을 건국한 과정을 말할 수 있어요. ☆☆☆☆☆

○ 이성계가 수도를 옮긴 이유와 한양이 수도로 적합한 조건을 말할 수 있어요. ☆☆☆☆☆

○ 조선의 궁궐 경복궁의 뜻과 각 건물들의 쓰임새를 말할 수 있어요. ☆☆☆☆☆

01 이성계, 위화도 회군(1388)

고려 말 새로 등장한 신진 사대부와 신흥 무인 세력이 힘을 합쳐 새나라 조선을 건국하는 과정을 알아봅시다.

신흥 무인 세력의 등장 – 이성계

고려 말 중국에서는 원나라가 멸망하고 명나라가 새로 들어섰다 (1368). 고려에서는 원나라를 따르는 사람들과 명나라를 따르는 사람들로 나뉘어 서로 대립했고, 홍건적과 왜구의 침입으로 나라가 매우 혼란스러웠다. 이때 이성계는 홍건적과 왜구를 물리치면서 백성들의 신뢰를 얻었다. 이렇게 홍건적과 왜구의 침입을 물리치면서 신흥 무인 세력이 등장했다. 이성계는 전투마다 모두 이겨 백성들의 영웅으로 떠올랐다.

태조 이성계

| 홍건적(紅붉을홍 巾수건건 賊도적적) : 원나라에 반대하여 일어난 중국 한족의 반란군으로, 머리에 붉은 수건을 써서 붙은 이름

신진 사대부의 등장 – 정도전

고려 말 성리학을 공부하고 과거 시험을 통해 벼슬길에 올라 고려 사회 개혁을 주장하는 사람들이 나타났다. 이들을 신진 사대부라 부른다. 정도전, 조준 등의 신진 사대부들은 반원친명, 즉 원을 멀리하고 명과 가깝게 지낼 것을 주장했다. 원나라의 간섭에서 벗어나 자주적인 개혁 정책을 펼칠 것을 주장하여 원나라에 우호적이었던 권문세족과 갈등을 겪었다.

정도전

| 성리학(性성품성 理다스릴리 學배울학) : 인간의 마음과 우주의 원리를 탐구하는 유학의 한 학파
| 권문세족(權권세권 門집안문 勢권세세 族일가족) : 고려 후기에 벼슬이 높고 권력이 있던 집안

이성계와 정도전의 만남(1384)

정도전은 22살에 과거에 급제해 벼슬길에 올랐다. 공민왕 때 성균관에 들어가 정몽주 등의 학자들과 친하게 지냈다. 전라도 나주로 귀양을 갔는데 그 곳에서 백성들의 힘든 삶을 보면서 고려를 개혁하겠다는 생각을 확고히 했다. 정도전은 귀양살이가 끝난 후 이성계를 찾아갔다. 군사력을 갖고 있는 이성계와 힘을 합쳐 고려를 개혁하고자 한 것이다. 두 사람은 첫 만남부터 뜻과 배포가 잘 맞아 그 뒤로도 함께 같은 길을 걸었다.

위화도 회군(1388) – 이성계, 실권을 장악하다

원나라를 멸망시킨 명나라는 이전의 원나라 땅이었던 지역은 모두 명나라 소유라며 공민왕이 되찾은 철령 이북 땅을 돌려 달라고 요구했다. 최영은 이를 거절하고 요동 정벌을 주장했다. 이성계는 4대 불가론을 내세워 반대했으나 받아들여지지 않았다. 이성계는 마지못해 최영의 명에 따라 요동 정벌에 나섰다. 하지만 명을 이길 수 없다고 판단한 이성계는 압록강 하류의 위화도에서 군대를 돌려 개경으로 돌아와 최영을 제거하고 군사권을 장악했다. 이 사건을 위화도 회군이라 한다.

1 신흥 무인 세력은 누구인가요? 어떻게 성장했나요?

新 興 武 人 勢 力
새 신 일어날 흥 무사 무 사람 인 권력 세 힘 력

2 신진 사대부는 누구인가요? 어떻게 성장했나요?

新 進 士 (학자) 大 夫 (관리)
새 신 나아갈 진 선비 사 클 대 지아비 부

3 정도전이 이성계를 찾아간 이유는 무엇일까요?

신진 사대부 **+** 신흥 무인 세력

4 이성계의 위화도 회군에 대해 알아봅시다.

1 회군이란 무슨 뜻인가요?

回 軍
돌이킬 회 군사 군

2 왜 위화도 회군이라 부르나요? 지도에서 위화도를 찾아보세요.

3 이성계가 주장한 요동 정벌 4대 불가론에 해당하지 않는 것은?
① 작은 나라가 큰 나라의 뜻을 거스를 수 없다.
② 농사가 바쁜 여름철에는 군사를 동원할 수 없다.
③ 명과 싸우는 동안에는 왜구가 쳐들어오지 못할 것이다.
④ 장마철이라 덥고 습해서 활의 아교가 풀어지고 전염병이 유행할 것이다.

4 이성계는 위화도 회군 후 어떻게 고려의 최고 실력자가 될 수 있었나요?

02 고려 멸망, 조선 건국(1392)

1388년 위화도 회군으로 정권을 장악한 이성계는 1391년 토지 개혁을 실시하여 조선 건국의 기반을 다지고 1392년 새나라 조선을 세웠습니다.

고려 개혁 − 온건 개혁파와 급진 개혁파

위화도 회군 이후 정치의 주도권을 장악한 이성계 세력은 고려 개혁에 박차를 가했는데, 이를 둘러싸고 급진 개혁파와 온건 개혁파로 나뉘었다. 정몽주, 이색 등 온건 개혁파는 고려 사회의 문제점은 고쳐야 하지만 새나라 건설에는 반대했고, 정도전, 조준 등 급진 개혁파는 고려를 없애고 새나라를 세우자고 주장했다. 결국 급진 개혁파가 권문세족의 토지를 몰수하고 토지 제도를 개혁하여 조선 건국의 기반을 다졌다.

1392년 4월, 이방원이 정몽주를 없애다!

정몽주는 이성계 쪽 상황을 살피려고 문병을 구실로 이성계를 방문했다가 이성계의 아들 이방원과 마주앉게 되었다. 그때 이방원이 정몽주 앞에서 시조를 읊었다.

이런들 어떠하리 저런들 어떠하리
만수산 드렁칡이 얽혀진들 어떠하리
㉠**우리도 이같이 얽혀 백 년까지 누리리라.**

정몽주

그러자 정몽주도 시조를 읊어 대답했다.

이 몸이 죽고 죽어 일백 번 고쳐 죽어
백골이 진토 되어 넋이라도 있고 없고
㉡**임 향한 일편단심이야 가실 줄이 있으랴.**

정몽주의 마음을 돌리기 어렵다고 판단한 이방원은 부하에게 정몽주를 없애라고 지시했다. 그날 밤 이방원의 부하가 선죽교에서 기다리고 있다가 집으로 돌아가던 정몽주를 철퇴로 내리쳐 죽여 버렸다.

1392년 7월, 이성계 드디어 왕이 되다

정몽주가 죽은 지 약 석 달 뒤 이성계는 공양왕을 끌어내리고 왕이 되었다. 474년 동안 34명의 왕이 다스렸던 고려 왕조는 멸망하고 새로운 나라 조선이 건국된 것이다. 이성계는 고조선을 계승한다는 의미에서 나라 이름을 '조선'이라고 하고, 유교를 바탕으로 나라를 다스리며, 농업을 국가 경제의 기본으로 하였다.

1 고려 개혁을 주장하는 사람들은 온건파와 급진파로 갈라져 서로 대립했습니다. 이들의 주장을 써 보세요. 여러분은 누구의 주장을 더 지지하나요?

2 이방원과 정몽주의 시조를 읽고 ㉠과 ㉡이 무슨 뜻인지 설명해 보세요.

㉠ _____

㉡ _____

3 다음에서 설명하고 있는 인물과 다리 이름은 무엇인가요?

원래 선지교(善地橋)라 불렸는데,

_____ 가 피살되던 날 밤

다리 옆에서 대나무가 솟아 나왔다 하여 _____ (善竹橋)로

고쳐 불렀다고 전한다.

4 1392년 이성계는 공양왕을 몰아내고 왕위에 올라 조선을 세웠습니다. 새나라 조선에 대해 알아봅시다.

1 나라 이름을 왜 조선이라 지었나요?

2 조선이 통치 이념으로 삼은 사상은 무엇인가요?
① 불교　　② 도교　　③ 유교　　④ 기독교

3 조선이 국가 경제의 근본으로 삼은 산업은 무엇인가요?
① 농업　　② 상업　　③ 공업　　④ 어업

태조 이성계는 수도를 개경에서 한양으로 옮겼고, 정도전은 유교 정신을 담아 수도 한양을 설계했습니다. 조선의 수도 한양을 알아봅시다.

한양이 왜 수도가 되었을까?

㉠태조 이성계는 임금이 되고 나서 수도를 옮기기로 결정하고, 여러 곳을 알아보다가 한양으로 결정했다. 한양은 한반도의 중앙에 위치하고 있어 삼국 시대에도 삼국 간의 치열한 쟁탈 지역이었다. 한양은 산으로 둘러싸여 있어 외적의 침입을 막기에 유리하고, 한강이 있어 물을 구하기 쉽고 육로 및 수로 교통이 편리하고, 주변에 농사를 지을 수 있는 넓은 평야가 있어 한 나라의 수도로 적합한 조건을 모두 갖추고 있었다.

한양의 설계자 — 정도전

조선의 건국을 도왔던 정도전은 수도 건설의 총책임자가 되어 한양을 설계했다. 정도전은 유교의 정신을 담아 현재의 경복궁, 종묘, 사직단 등 주요 건물들의 자리를 정하고, 유교의 가치를 담아 건물의 이름을 지었다. 조선의 궁궐인 경복궁을 중심으로 왼쪽과 오른쪽에는 각각 종묘와 사직단을 두어 조상과 신께 제사를 지내도록 하였다. 종묘는 왕실의 사당이고, 사직단은 나라 경제의 근본인 토지와 곡식의 신에게 제사를 지내는 제단이다. 경복궁의 정문인 광화문 앞쪽 큰길에는 관청이 들어섰고(육조거리), 그 아래에는 큰길을 따라 상점들이 들어섰다(운종가). 그리고 한양의 가운데를 동서로 가로지르는 청계천을 중심으로 길을 만들어 백성이 살 집이 들어서도록 하였다. 이어서 도성 둘레에 성곽을 쌓고 성벽의 동서남북에 사대문을 만들고 유교의 가르침인 인, 의, 예, 지, 신에 따라 사대문과 종루의 이름을 지었는데, 이것은 흥인지문(동대문), 돈의문(서대문), 숭례문(남대문), 숙경문(북문), 보신각(종각)이다. 조선의 수도 한양은 수도로서의 의미만이 아닌 유교적 이상을 담은 곳으로 자리잡게 된 것이다.

1 태조 이성계는 왜 ㉠처럼 수도를 옮기기로 결정했을까요?

2 한양에 대한 설명으로 맞지 않는 부분에 밑줄을 치고 바르게 고쳐 보세요.
① 한양은 한반도의 남쪽 끝에 위치하고 있다. ➡
② 산으로 둘러싸여 있어 외적의 침입을 막기에 불편했다. ➡
③ 낙동강이 있어 물을 구하기 쉬웠고, 육로 및 수로 교통이 편리했다. ➡
④ 넓은 개펄이 있어 농사짓기가 좋았다. ➡

3 다음 한양 지도를 보고 〈보기〉의 건물을 찾아 표시하면서 한양의 구조를 이 해합시다.

| 보기 | 경복궁 종묘 사직단 광화문 육조거리 운종가 청계천 흥인지문 돈의문 숭례문 숙정문 |

사직단   경복궁   종묘

조선의 5대 궁궐인 경복궁, 창덕궁, 창경궁, 경희궁, 덕수궁을 찾아보세요.

O4 조선의 궁궐 - 경복궁

이성계는 한양으로 도읍을 정한 후 제일 먼저 궁궐을 지었습니다. 바로 조선을 대표하는 궁궐 경복궁입니다. 경복궁의 뜻과 각 건물들을 알아봅시다.

조선 왕조의 정궁, 조선의 중심지

한양을 도읍으로 정한 후 궁궐, 종묘와 사직, 성곽과 사대문 등을 짓기 시작했는데, 경복궁은 1394년 공사를 시작해 이듬해인 1395년에 완성했다. 경복궁은 조선 시대에 만들어진 다섯 개의 궁궐 중 제일 먼저 지은 궁이다. 경복궁의 명칭은 〈시경〉에 나오는 "이미 술에 취하고 이미 덕에 배부르니 군자만년 그대의 큰 복을 도우리라(介爾景福)"에서 두 자를 따서 경복궁이라고 지었다. 바로 '왕과 백성이 태평성대를 누릴 큰 복을 빈다'는 뜻이다.

경복궁의 정문 광화문을 지나 안으로 들어서면 경복궁의 중심인 근정전을 만난다. 2층 월대 위에 장엄하게 서 있는 건물로 임금의 권위를 상징하는 건물이자 공식 행사나 조회 등에 사용한 건물이다. 근정전 월대 난간에는 주작, 백호, 현무, 청룡이 각

방위에 따라 새겨져 건물을 지키고 있다. 근정전 뒤로는 임금의 사무실이라 할 수 있는 사정전과 침실인 강녕전, 왕비가 사는 교태전이 이어진다.

근정전을 바라보고 왼편으로 나가면 연회장으로 사용한 경회루가 있다. 인공 연못 위에 지은 2층 누각 건물로, 남아 있는 목조 건축물 중 아름답기로 손에 꼽는 건물이다. 경복궁 북쪽 후원 영역에는 향원지라는 이름의 네모난 연못이 있고 그 연못 중앙에 둥그런 섬을 조성하여 육각지붕의 2층 정자를 세웠는데, 이것이 바로 향원정이다. 조선 시대를 대표하는 아름다운 정자이다.

경복궁은 임진왜란 때 불탔으나 고종 때 흥선대원군이 다시 세웠다. 일제 강점기에 전각 대부분이 헐려 건물 열 채 정도만 남았으나, 지금은 많은 전각들이 복원되어 옛 모습을 되찾아 가고 있다.

┃ 경복궁이란 무슨 뜻인가요? 이름을 누가 지었나요?

景福宮
별경 복복 궁궁

2 다음 ◯를 채우며 경복궁 건물 이름을 익히고, 그 건물에 해당하는 번호를 그림에서 찾아 쓰면서 그 위치를 익히고, 각 건물의 쓰임새를 말해 보세요.

향 ◯ 정   경 ◯ 루   교 ◯ 전

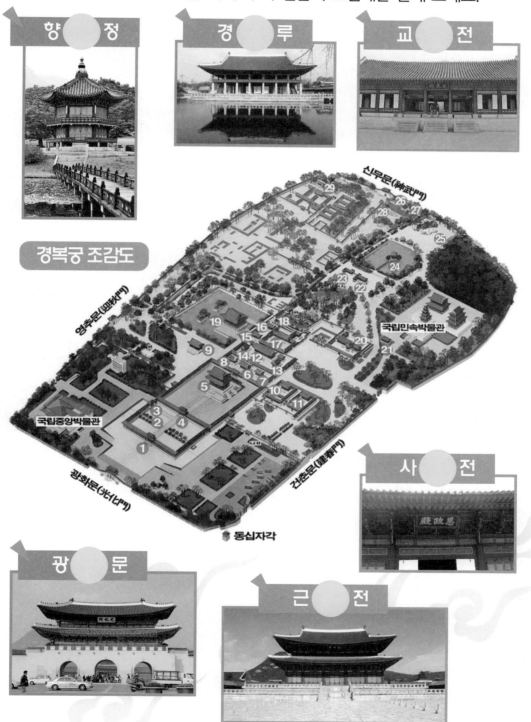

경복궁 조감도

사 ◯ 전

광 ◯ 문

근 ◯ 전

이야기 나누기

고려 말 위화도 회군 후 다음 세 인물이 한자리에 모였습니다.
어떠한 대화를 나누었을까요?

태조 이성계

정몽주

정도전

2 세종 때 꽃핀 조선의 문화

학습목표

- 세종 대에 이루어진 대외 관계와 4군 6진 개척의 의미를 이해한다.
- 세종 대에 이루어진 문화, 과학 분야의 여러 성과를 이해한다.

학습내용

01 세종이 왕이 되다!
02 조선의 대외 관계
03 문화의 발달 : 훈민정음 창제
04 과학의 발달 : 농업 과학 기구 발명

공부하고 스스로 평가하기

○ 태종과 세종이 왕이 된 과정을 말할 수 있어요. ☆☆☆☆☆

○ 세종 시기의 대외 관계에 대해 말할 수 있어요. ☆☆☆☆☆

○ 세종대왕이 훈민정음을 만들고 많은 책을 펴낸 이유를 말할 수 있어요. ☆☆☆☆☆

○ 세종 시기에 이루어진 과학 분야의 여러 발명품에 대해 말할 수 있어요. ☆☆☆☆☆

조선 초기 왕권 강화를 위해 노력한 태종(이방원)의 정책과 태종의 셋째아들인 세종이 어떻게 왕이 되었는지 알아봅시다.

3대 태종(이방원) – 조선 왕조의 기틀을 다지다

조선의 행정 구역

이성계의 다섯째 아들 이방원은 아버지가 조선을 건국하는 데 많은 도움을 주었다. 그런데 아버지인 태조 이성계가 공이 많은 자신을 제쳐두고 아직 나이도 어린 이복동생 방석을 세자로 앉히자, 화가 난 이방원은 방석을 지지하는 정도전과 형제들을 죽이고 왕위에 올랐다. 정도전은 조선 후기에 이르러 누명을 벗게 되었고 〈삼봉집〉도 간행될 수 있었다.

조선의 3대 임금이 된 태종 이방원은 왕권을 강화하기 위하여 왕족이나 신하들이 거느리던 병사를 없애고, 나라를 효과적으로 다스리기 위하여 전국을 8개의 도로 나누고 관찰사를 파견했다. 왕을 대신하는 관찰사를 보내 왕이 직접 지방을 다스리는 효과를 얻고자 한 것이다. 또한 16세 이상의 남자에게는 신분 증명서인 호패를 발급하여 전국 인구를 파악하여 세금 징수를 하는 등 강력한 왕권 강화 정책을 펼쳐 조선 왕조의 기틀을 다졌다.

호패

4대 세종(충녕대군) – 조선 왕조의 황금기

태종은 왕권을 탄탄하게 다져 놓은 후 셋째 아들인 충녕대군에게 왕위를 물려주었다. 원래는 맏아들인 양녕대군을 세자로 삼았으나 왕이 되기엔 자질이 모자란다고 생각한 태종은 양녕대군을 폐하고 총명한 셋째 아들인 충녕대군에게 왕위를 물려준 것이다.

세종은 모든 일의 중심에 백성을 두고 백성을 위하는 정치를 펴 나갔다. 백성 모두가 잘살고 백성이 유교의 도리를 알고 실천하는 나라를 만들기 위해 노력했다. 세종은 먼저 능력 있는 인재를 기르기 위해 궁궐 내에 집현전을 설치하고, 이들이 경제적 걱정 없이 학문 연구에만 전념할 수 있도록 지원해 주었다. 성삼문, 박팽년, 하위지, 신숙주, 정인지 등이 유명한 집현전 학자들이다.

세종대왕

1 다음은 조선 시대 왕의 계보입니다. 큰소리로 읽어 보고 물음에 답하세요.

1 조선을 건국한 이성계를 위의 왕 중에서 찾아보세요.

2 이방원은 어떻게 왕이 될 수 있었나요? 위의 왕 중에서 찾아보세요.

3 세종은 어떻게 왕이 될 수 있었나요? 조선의 몇 대 왕인가요?

4 위의 조선 왕들 중 내가 알고 있는 왕을 찾아 동그라미하고 소개해 보세요.

2 빈 칸을 채우고 태종과 세종이 한 일을 구별해 보세요.

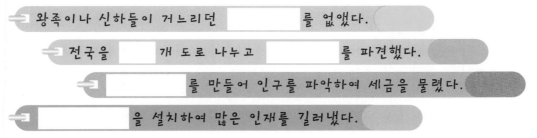

왕족이나 신하들이 거느리던 [   ]를 없앴다.

전국을 [   ]개 도로 나누고 [   ]를 파견했다.

[   ]를 만들어 인구를 파악하여 세금을 물렸다.

[   ]을 설치하여 많은 인재를 길러냈다.

3 고려 시대부터 큰 고을을 중심으로 큰 지역권이 형성되었습니다. 큰 고을의 머리글자를 따서 각 도의 이름을 지었습니다. 옆의 지도를 보고 빈 칸을 채워 보세요.

함길도	함흥	+	길주	**평안도**	평양	+	안주
경기도	왕이 사는 도읍의 주변 지역			**황해도**		+	
강원도		+		**충청도**		+	
경상도		+		**전라도**		+	

O2 조선의 대외 관계

조선의 사대교린 외교 정책이 무엇인지 알아봅시다.

조선 – 사대교린 외교 정책

조선은 주변 나라들한테 사대교린 외교 정책을 펼쳤다. 사대는 큰 나라를 섬긴다는 뜻으로 명나라와 맺은 외교 관계를, 교린은 이웃 나라와 친하게 지낸다는 뜻으로 일본이나 여진과 맺은 외교 관계를 뜻한다.

명나라 – 사대 정책

조선은 건국 초기에 명나라와 대립했으나 태종 이후 좋은 관계를 유지했다. 당시 명은 정치 군사 대국이었고 조선의 가장 중요한 교역 상대국이었다. 조선의 지배 이념이었던 유교의 종주국이자 문화 선진국이었기 때문에 조선은 명나라에 정기적으로 사신을 보내 조공을 하였고 명나라로부터 필요한 문물을 받아들여 이익을 추구하였다.

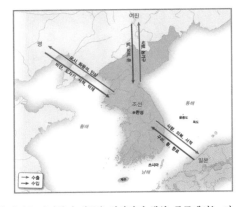

사대(事섬길사 **大**큰대) : 큰 나라를 섬긴다
조공(朝조정조 **貢**바칠공) : 중국 주변에 있는 나라들이 정기적으로 중국에 사절을 파견하여 예물을 헌상하던 행위. 중국에서는 이에 대한 답례로 하사품을 보냈다.

일본과 여진– 교린 정책

조선은 초기에 일본과 교류했지만 시간이 지나면서 왜구가 바다를 건너와 재물을 빼앗고 사람을 죽이거나 집을 불태우는 등 많은 피해를 주자 강력하게 대처했다. 세종은 이종무를 대장으로 하는 원정군을 보내 왜구들의 근거지인 쓰시마 섬을 정벌하였다. 이후 왜구의 힘이 약해지자 조선은 일부 항구를 개방하고 무역을 허락했다.

태조 이성계는 함흥 지역 출신인데다 부하 중에 여진족이 많았기 때문에 이성계가 왕위에 있을 때는 여진족이 감히 조선을 침범하지 못했다. 그래서 초기에는 여진과 좋은 관계를 유지했다. 그러나 태종이 즉위하자 그들은 부족한 식량과 생활 필수품을 얻기 위하여 자주 국경을 넘어와 조선 사람들의 생명과 재산을 빼앗았다. 이에 세종은 압록강 방면에

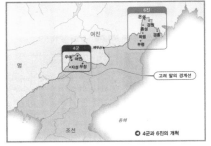

최윤덕을, 두만강 방면에 김종서를 파견하여 여진을 정벌하여 압록강 유역에 4군을, 두만강 유역에 6진을 설치하여 조선의 영토를 압록강과 두만강까지 넓혔다. 이후 이곳은 조선 영토가 되어 북쪽 국경선으로 확정되었다.

교린(交사귈교 **隣**이웃린) : 이웃나라와 친하게 지낸다

1 조선의 기본 외교 정책의 방향을 설명해 보세요.

事 大 交 隣
섬길 사 큰 대 사귈 교 이웃 린

2 옆의 지도를 보고 조선의 이웃 나라인 삼국 사이의 교역 물품을 써 보세요.

	수 출 품	수 입 품
명나라		
여진		
일본		

3 4군 6진의 개척과 국경선의 변화를 알아봅시다.

1 서로 관계 있는 것끼리 연결하면서 4군 6진을 개척한 인물과 그 위치를 알아둡시다.

4군 ● ● 두만강 유역 ● ● 최윤덕

6진 ● ● 압록강 유역 ● ● 김종서

2 옆의 지도를 보고 고려 말의 국경과 세종이 확정한 국경 사이의 땅을 색칠해 보세요. 4군 6진의 개척으로 조선의 영토가 얼마나 넓어졌나요?

3 이종무를 대장으로 하는 원정군이 토벌한 쓰시마 섬의 위치를 지도에서 찾아 표시하세요.

세종대왕은 훈민정음을 창제하고 백성들을 위한 책을 많이 펴내는 등 문화 발전을 위하여 노력했습니다. 세종 시대 문화의 발달을 알아봅시다.

우리글 – 훈민정음 창제

조선은 훈민정음이 만들어지기 전까지 중국의 한자를 사용했는데, 한자는 배우기가 어려워 일반 백성들이 사용하기에 어려움이 많았다. 이를 안타깝게 여긴 세종대왕은 사람의 몸 중에서 소리를 내는 기관(입, 혀, 입안, 목구멍)과 하늘, 땅, 사람의 모양을 본떠 자음 17자와 모음 11자, 총28자를 만들었다. 훈민정음은 '백성을 가르치는 바른 소리'라는 뜻이다. 〈훈민정음 해례본〉에는 세종대왕이 직접 쓴 서문에 해설이 붙어 있는데, 훈민정음의 창제 동기와 의미, 사용법 등을 소개하고 있다. 백성들에게 널리 알리기 위해 한글로 풀이한 〈훈민정음 언해본〉도 펴냈다.

〈훈민정음 서문〉
우리나라 말과 글이 중국과 달라 백성들이 한자로 서로 통하지 못한다. 이에 백성들이 말하고 싶은 바가 있어도 그 뜻을 펴지 못하는 이가 많다. 내가 이것을 딱하게 여겨 28자를 만들었으니 백성들이 쉽게 익혀 편리하게 사용할 수 있도록 하려고 한다.

훈민정음은 우리말을 소리나는 대로 쓸 수 있어 뜻을 알아야만 쓸 수 있는 한자보다 익히기 쉬웠다. 이제 백성들은 자신의 말과 생각을 글로 표현할 수 있게 된 것이다. 그러나 ㉠양반들은 훈민정음을 '언문'이라 부르며 업신여기고, "한자를 사용하지 않고 우리 글자를 쓰는 것은 오랑캐나 하는 짓"이라며 한글 사용을 반대했다. 하지만 백성의 생활을 편안하게 하는 것이 더 중요하다고 생각한 세종대왕은 한글 보급에 노력했다. 그래서 〈용비어천가〉, 〈월인천강지곡〉, 〈삼강행실도〉 등의 한글 책을 펴냈다.

백성들을 위한 서적 출판 – 〈농사직설〉, 〈향약집성방〉, 〈삼강행실도〉

〈농사직설〉은 각 지역에서 농사를 짓는 우리 농부들의 경험을 모아 정리하여 만든 우리 농사책이다. 백성들은 〈농사직설〉의 보급으로 우리 땅에 맞는 농업 기술로 농사를 지을 수 있게 되었다. 또한 우리 땅의 식물과 약초를 정리한 〈향약집성방〉은 백성들의 질병을 고치는 데 많은 도움을 주었고, 백성들이 쉽게 이해할 수 있도록 유교 윤리를 그림과 글로 설명한 〈삼강행실도〉는 백성들이 일상 생활에서 유교 윤리를 실천할 수 있도록 도와 주었다.

1 세종대왕이 한글을 만든 이유는 무엇인가요?

2 훈민정음 해례본과 언해본을 구별해 보세요. 왜 그렇게 생각했나요?

3 한글 사용을 반대하는 ㉠과 같은 양반들의 입장에 대해 어떻게 생각하나요? 내 의견을 발표해 보세요.

4 세종대왕은 백성들의 생활을 향상시키기 위해 다음 책을 펴냈습니다. 다음 책이름을 쓰고, 이 책들이 백성들한테 어떠한 도움을 주었는지 말해 보세요.

04 과학의 발달 : 농업 과학 기구 발명

세종대왕은 과학 기술에도 관심을 기울여 농업을 발전시키기 위한 다양한 과학 기구를 만들어 냈습니다. 세종 시대 과학의 발달을 알아봅시다.

천문 과학 기구 - 혼천의, 천구의, 앙부일구

장영실

조선은 농사를 근본으로 하였기 때문에 백성의 생활을 안정시키기 위해서는 농사가 중요했다. 농사가 잘돼야 백성들도 잘살 수 있고 국가도 세금을 제대로 걷을 수 있다. 그런데 농사는 하늘이 적절한 햇빛과 비를 내려주어야만 잘될 수 있다. 그래서 세종대왕은 장영실과 몇몇 사람들에게 혼천의 같은 하늘을 관측하는 기구를 만들게 했다. 장영실은 낮은 신분임에도 불구하고 세종대왕의 신임을 얻어 중국으로 유학을 가서 천문 기구를 공부하고 돌아왔다. 조선으로 돌아온 장영실은 하늘을 관측하는 천체 기구인 간의, 해시계인 앙부일구, 자동 물시계인 자격루 등을 만들었다. 해시계인 앙부일구는 궁궐뿐만 아니라 사람들이 지나다니는 길목에도 설치하여 글을 모르는 사람도 시각을 알 수 있도록 하였다. 자격루는 물의 양이 변함에 따라 시간을 측정하는 장치로 일정한 시각이 되면 종과 북, 징이 자동으로 울려 시간을 알려 주었다.

빗물과 바람을 재다 - 측우기, 수표, 풍기대

농사에 결정적인 역할을 하는 것은 물이다. 빗물의 양을 재는 측우기는 전국 각지의 비가 온 양을 재어 농사를 짓는 데 이용했다. 수표는 강물의 깊이를 재는 데 사용했다. 강물의 깊이에 따라 가뭄, 보통, 홍수를 구별하였다. 풍기대는 바람의 방향과 세기를 재는 풍기를 세웠던 받침대이다.

조선의 달력 - 칠정산(七政算)

조선은 칠정산이 발명되기 전까지는 중국의 달력을 사용했다. 중국의 위도와 경도에 맞춘 중국 달력은 조선과는 차이가 날 수밖에 없다. 칠정산은 조선 시대 한양의 위도를 기준으로 7개(해, 달, 수성, 화성, 목성, 토성, 금성)의 천체 운동을 정확하게 계산한 최초의 우리나라 역법서이다. 이제 조선은 조선의 하늘에 맞는 달력을 갖게 된 것이다. 그리하여 월식을 예측하고 날짜와 계절의 변화 등을 알 수 있게 되었다.

인쇄 기술의 발달 - 갑인자

세종대왕은 유교 경전과 실용 서적 등을 널리 보급하기 위해서 인쇄술의 발전에도 많은 노력을 기울였다. 그래서 갑인자를 비롯한 다양한 금속활자들을 만들었는데, 갑인자는 한번에 많은 양을 찍어낼 수 있었다.

다음은 세종 시대의 발명품들입니다. 세종대왕은 이러한 과학 기구들을 왜 만들게 했을까요? 각 발명품의 이름을 쓰고 그 용도를 말해 보세요.

조선 전기 세계지도

<혼일강리역대국도지도>는 조선 태종 때 만든 세계 지도입니다.
당시 조선 사람들의 세계관을 알 수 있지요. 지도에서 중국, 조선, 일본을
찾아보세요. 이를 통해 우리는 무엇을 알 수 있나요?

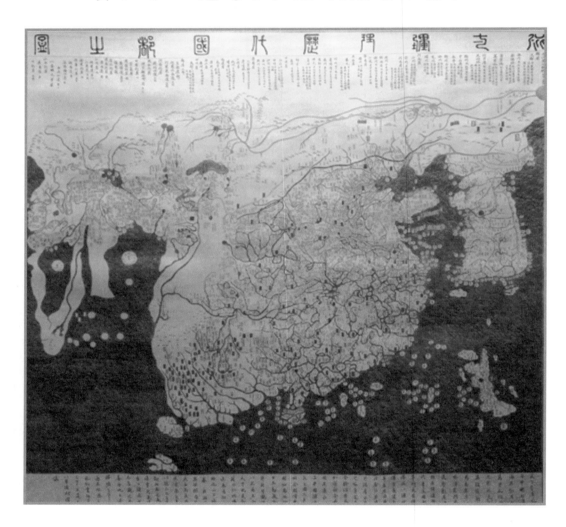

3 유교 문화의 확산

공부하고 스스로 평가하기

○ 세종이 〈삼강행실도〉 책을 왜 펴냈는지 그 이유를 말할 수 있어요.

○ 조선의 법전인 〈경국대전〉이 백성들의 생활에 미친 영향을 말할 수 있어요.

○ 조선의 교육 제도와 교육 내용이 무엇인지 말할 수 있어요.

○ 조선 시대에 관혼상제를 어떻게 치렀는지 말할 수 있어요.

01 세종, 〈삼강행실도〉

세종대왕은 충신, 효자, 열녀 등의 행실을 글과 그림으로 만든 〈삼강행실도〉를 펴냈습니다. 〈삼강행실도〉의 유교 윤리를 알아봅시다.

삼강오륜 — 유교 윤리에서 세 가지 기본 강령과 다섯 가지 실천 항목

삼강 임금과 신하, 어버이와 자식, 남편과 아내 사이에 지켜야 할 도리

▶ **군위신강(君爲臣綱)** : 임금과 신하 사이에 지켜야 할 도리
▶ **부위부강(夫爲婦綱)** : 부부 사이에 지켜야 할 도리
▶ **부위자강(父爲子綱)** : 어버이와 자식 사이에 지켜야 할 도리

오륜 군신유의, 부자유친, 부부유별, 장유유서, 붕우유신

▶ **군신유의(君臣有義)** : 임금과 신하 사이에는 의로움이 있어야 한다.
▶ **부자유친(父子有親)** : 부모와 자식 사이에는 친함이 있어야 한다.
▶ **부부유별(夫婦有別)** : 남편과 아내 사이에는 구별이 있어야 한다.
▶ **장유유서(長幼有序)** : 어른과 아이 사이에는 차례와 질서가 있어야 한다.
▶ **붕우유신(朋友有信)** : 친구와 친구 사이에는 신의(믿음)가 있어야 한다.

〈삼강행실도〉 – 삼강오륜 보급을 위한 그림책

백성들은 오랜 기간 불교와 민간 신앙을 믿으며 생활했기 때문에 유교의 가르침이 백성들 사이에 생활화되는 데는 시간이 걸렸다. 그래서 나라에서는 유교의 가르침을 보급하기 위해 〈삼강행실도〉를 만들었다. 집현전 학자들이 세종대왕의 명을 받고 조선과 중국의 책에서 군신, 부자, 부부 등 3강의 모범이 될 만한 충신, 효자, 열녀를 각각 35명씩 모두 105명을 뽑아 그 행적을 그림과 글로 칭송한 그림책이다. 이후 한글로 번역되어 조선 시대 도덕책으로 사용되었다.

〈삼강행실도〉에 실린 민손담 이야기

민손은 계모 슬하에서 자랐다. 계모는 자기가 낳은 두 아들만 사랑하고 민손을 매우 미워하고 구박했다. 하루는 민손이 아버지의 말고삐를 잡고 가는데 추워서 떨며 고삐를 제대로 잡지 못했다. 아버지가 이상히 여겨 민손이 입은 옷을 만져 보니 갈꽃솜으로 만든 옷을 입고 있었다. 이를 괘씸하게 여기고 그의 아내를 내쫓으려 했다. 그러자 민손은 계모를 내쫓지 않도록 만류했다.

"어머니가 나가면 세 아들이 춥게 되고 어머니가 있으면 한 아들만 춥게 됩니다."

민손의 착한 마음을 알게 된 계모는 자기의 잘못을 뉘우치고 자기가 낳은 두 아들과 똑같이 민손을 사랑하고 미워하지 않았다. 그래서 민손의 가정은 더욱 화목하게 되었다.

1 다음은 삼강의 윤리 중 어느 것에 해당하나요?

①   ②   ③

2 각각의 그림에 해당하는 오륜의 내용은 무엇인가요?

①   ②   ③

④   ⑤

3 세종대왕과 집현전 학자들이 〈삼강행실도〉 책을 펴낸 이유는 무엇인가요?

〈삼강행실도〉

4 〈삼강행실도〉에 실린 민손담 이야기는 무엇을 강조하고 있나요?

① 충(忠)   ② 효(孝)   ③ 열(烈)   ④ 덕(德)

5 〈삼강행실도〉 책은 세종 이후에는 어떻게 되었을까요?

성종 때 완성한 〈경국대전〉은 나라를 다스리는 기본 법전으로 백성들의 삶에도 많은 영향을 미쳤습니다. 〈경국대전〉의 내용을 알아봅시다.

〈경국대전〉 - 법에 의한 통치

성종 때 완성한 〈경국대전〉은 중국의 법을 모방한 데서 벗어나 우리에게 맞는 법을 만들어 백성을 올바르게 다스리기 위한 법이다. 고려 시대의 법은 죄인을 다스리는 내용이 중심이었지만, 〈경국대전〉은 정치, 경제, 사회, 문화의 기본 규범을 담은 종합적인 법이다. 백성의 권리와 의무를 밝히고 이를 어기는 자는 엄격히 벌을 주어 모두가 잘살도록 했다. 〈경국대전〉은 조선 통치의 최고 법전으로, 유교의 가르침에 맞게 백성들이 지켜야 하는 법을 아주 자세하게 기록해 놓았다.

〈경국대전〉의 내용 : 이·호·예·병·형·공의 6전으로 구성되어 있다.

▶ **이전**(吏관리리,典법전) : 궁중, 중앙 지방 관리를 임명하는 것에 대한 규정
▶ **호전**(戶집호,典법전) : 백성들의 수, 백성들이 내야 하는 세금, 관리들의 봉급 등에 대한 규정
▶ **예전**(禮예절예,典법전) : 제사, 학교, 과거 시험 등 여러 가지 의례에 대한 규정

〈경국대전〉

▶ **병전**(兵군사병,典법전) : 군사 훈련과 나라를 지키는 것에 대한 규정
▶ **형전**(刑형벌형,典법전) : 죄인에 대한 재판, 형벌, 재산의 상속 등에 대한 규정
▶ **공전**(工장인공,典법전) : 도로, 다리, 산업 등에 대한 규정

〈백성들의 일상 생활과 관련 있는 내용〉

- 땅과 집을 사면 100일 안에 관청에 보고해야 한다.
- 남자는 15세, 여자는 14세가 되어야 혼인을 할 수 있다.
- 16세 이상의 모든 남자는 호패를 항상 차고 다녀야 한다.
- 부모가 아프거나 부모의 나이가 70세 이상이면 그 아들은 병역의 의무를 지지 않아도 된다.
- 노비 여성의 출산 휴가는 90일이다. 필요에 따라 남편도 출산 휴가를 신청할 수 있다.
- 아내가 죽은 후 3년이 지나야 새로 장가를 들 수 있다.
- 돈을 위조한 사람을 고발한 사람에게는 관청에서 베 250필을 상으로 준다.
- 나룻배는 5년이 되면 수리해야 하고, 10년이 되면 다시 만들어야 한다.
- 돌아가신 부모님이 진 빚은 자식의 집을 팔아 갚아야 한다.

1 조선 유교 통치의 기본이 되는 법전 이름은 무엇인가요?

2 〈경국대전〉이 고려 시대의 법과 다른 점은 무엇인가요?

고려 시대의 법

_____

경국대전

_____

3 다음 빈 칸에 알맞은 말을 〈보기〉에서 찾아 보고, 〈경국대전〉이 조선 백성들의 생활을 어떻게 규정해 놓았는지 알아봅시다. 지금 우리의 생활 모습과 다른 점은 무엇인가요?

보기 유교, 법, 부모님, 효, 16세, 호패, 8,
15, 14, 부모, 빚, 자식, 3, 100

관리가 되려면 (❶) 경전을 공부해야 한다.

(❷)에 따라 엄격히 다스린다.

돌아가신 (❸)님을 극진히 받드는 것이 (❹)의 으뜸이다.

(❺)세 이상의 남자들은 (❻)를 항상 가지고 다녀야 한다.

전국을 (❼)도로 나눈다.

남자는 (❽)세, 여자는 (❾)세가 되어야 혼인을 할 수 있다.

자식에게 재산이 있으면 (❿)가 진 (⑪)을 (⑫)이 갚아야 한다.

아내가 죽은 후 (⑬)년이 지나야 새로 장가를 들 수 있다.

토지, 가옥, 노비를 매매할 경우, (⑭)일 이내에 관청에 보고해야 한다.

03 학교에서 유교를 가르치다

조선의 학교(성균관, 향교, 서당)에서는 조선의 통치 이념인 유교를 가르치고, 유학 시험으로 관리를 뽑았습니다. 조선의 교육 제도와 교육 내용을 알아봅시다.

서당(書堂) – 초등 교육 기관

양반 자제들은 7~8세가 되면 서당에 들어갔다. 서당은 글방, 서재, 서방, 책방이라고도 불리던 민간의 초등 교육 기관이다. 서당에서는 〈천자문〉이나 〈소학〉 등을 통해 한자와 유학을 가르쳤다. 서당의 교육 방법은 '강'이었다. '강'이란 이미 배운 글을 소리 높여 읽고 그 뜻을 물어 보고 대답하는 것이다. ㉠전날에 배운 것을 훈장 앞에서 책을 덮고 암송하며 글자 뜻이나 문장의 의미에 관한 훈장의 질문에 완전히 대답할 수 있어야 다음 내용으로 넘어갔다.

4부학당(四部學堂)과 향교(鄕校) – 중등 교육 기관

15~16세가 되면 정식으로 4학이나 향교에 입학했다. 4학은 한양의 4부 학당이고, 향교는 지방에 설치한 중등 교육 기관이었다. 이들 교육 기관에서는 시나 문장을 짓거나 유교의 경전을 가르쳤다. 4학과 향교에서 공부한 유생들은 생원, 진사 시험에 응시했다. 합격하면 성균관에 입학하여 문과 시험을 준비했는데, 정원은 200명이었다.

강릉향교

성균관(成均館) – 조선의 최고 국립 대학

수도 한양에는 최고 학교인 성균관을 두었다. 성균관은 공자와 선배 유학자들의 신위를 모신 사당인 대성전(大成殿)과 교육 공간인 명륜당(明倫堂)으로 구성되어 있다. 유교에서 말하는 가장 좋은 교육은 스승을 닮는 것이기 때문에 선배 유학자들을 이렇게 사당에 모셔 놓고 정기적으로 제사를 올렸다. 향교든 서원이든 유교식 학교는 모두 사당이 있고, 같은 구조로 되어 있다.

성균관에서는 유교의 기본 경전인 4서 5경을 가르쳤는데, 교육 내용은 조선 시대 과거 시험의 과목과 대체로 비슷했다. 이처럼 조선 시대에는 백성을 다스리는 관리를 뽑는 과거 시험에서 유교 경전을 가장 중요하게 생각했다.

명륜당

4서 : 〈논어〉〈맹자〉〈대학〉〈중용〉 5경 : 〈시전〉〈서전〉〈춘추〉〈좌전〉〈주역〉〈예기〉

조선의 과거 시험 – 문과, 무과, 잡과

조선은 과거를 통하여 관리를 뽑았다. 과거는 3년마다 보았으며 문과, 무과, 잡과가 있었다. 그중 문과를 가장 중시했는데 문과에서는 유학 경전에 대한 지식이나 문장을 짓는 능력을 평가했고, 합격하면 성적에 따라 관직을 받았다. 무관을 뽑는 무과에서는 말타기와 활쏘기 등을 평가했다. 잡과는 의학, 법률 등과 관련된 일을 하는 기술관을 뽑는 시험이었다.

1 다음은 조선 시대의 서당을 부르는 말입니다. 내가 다니는 초등학교를 다른 말로 부른다면 무엇이라고 부르고 싶은가요?

서당	글방	서재	서방	책방

초등학교

2 ㉠처럼 조선 시대의 교육 방법을 설명해 보세요. 여러분 학교의 교육 방법과 무엇이 다른가요?

講
익힐 강

3 유교식 학교에 모두 있는 다음 건물의 이름은 무엇이며, 무엇을 하는 공간인가요?

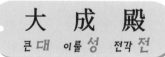

大 成 殿
큰 대 이룰 성 전각 전

4 조선의 아이들이 학교에 다니는 순서를 바르게 나열해 보세요. 조선 시대 학생들의 꿈은 무엇이었을까요? 여러분의 꿈은 무엇인가요?

서울 :

지방 :

5 다음 조선의 과거 시험에서는 무엇을 평가했나요? 여러분은 어느 시험을 보고 싶은가요? 왜 그런가요?

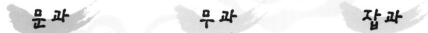

문과   무과   잡과

04 유교의 생활화 - 관혼상제

조선 초기 왕과 관리들이 유교 윤리 보급에 힘쓴 결과 유교 윤리가 널리 확산되었습니다. 유교 윤리에 따른 백성들의 생활을 알아봅시다.

왕부터 백성까지 실천한 유교

유교를 나라의 근본으로 삼은 조선 왕조는 왕부터 유교의 가르침을 따랐다. 효를 중시하여 아침 일찍 왕실의 웃어른께 인사를 드리는 것을 잊지 않았다. 조선 초기에 유교를 받아들이지 않았던 백성들도 이러한 왕과 관리들의 노력으로 점차 유교를 받아들이게 되었다. 나라의 행사뿐만 아니라 백성들도 집안의 행사를 유교의 예에 따라 치렀다.

관례　어른이 되다

아이가 자라 15세가 넘으면 좋은 날을 받아 어른이 되었음을 알리는 성년식을 치르는데 남자아이의 성년식은 관례, 여자아이의 성년식은 계례라고 한다. 남자아이는 상투를 틀어 관을 쓰고 여자아이는 머리를 올려 쪽을 찌고 비녀를 꽂았다.

혼례　결혼을 하다

혼례는 남녀가 부부의 인연을 맺는 일생일대의 중요한 의식이다. 어른이 된 처녀, 총각은 평생을 함께할 것을 약속하는 혼례를 치른다. 혼례날은 신부 집에서 정하고 신랑 집에서는 혼례 전날에 옷감과 편지가 든 함을 신부 집으로 보냈다. 신부 집에서 혼례를 치른 후 다음 날이나 3일째 되는 날에는 신랑 집으로 가서 시부모와 어른들게 폐백을 드렸다. 신랑 식구들은 신부에게 대추와 밤을 던져 주며 자식을 많이 낳고 복되게 살라고 기원해 주었다.

상례　하늘로 돌아가다

조선 시대 사람들은 사람이 죽으면 아주 사라지는 것이 아니라 본래 있던 하늘로 되돌아간다고 생각했다. 그래서 돌아가셨다라는 말을 썼고 돌아가신 뒤의 의식인 상례를 매우 중요하게 여겼다. 가족들은 거친 삼베로 만든 상복을 입고 문상 온 손님을 맞이하였다. 부모가 돌아가시면 자식들은 3년 동안 상복을 입고 부모의 묘소를 지켰다.

제례　제사를 지내다

조선 시대 사람들은 부모가 돌아가신 후에도 정성을 다해 제사를 지내는 것이 효도라 생각했다. 4대 봉사라고 하여 부모, 조부모, 증조부모, 고조부모까지 제사를 지냈는데, 제례는 조상의 돌아가신 날에 지내는 기제사와 명절에 지내는 차례로 나눌 수 있다.

1 ( ) 안에 알맞은 낱말을 써 넣고 서로 알맞은 것끼리 연결하며 조선 시대에 관혼상제를 어떻게 지냈는지 알아봅시다.

관례 冠갓관

아이가 자라 (   )세가 넘으면 좋은 날을 받아 어른이 되었음을 알리는 성년식을 치른다. 남자아이의 성년식은 (   ), 여자아이의 성년식은 (   )라 한다.

혼례 婚결혼혼

혼례 날은 (   )에서 정하고 신랑 집에서는 전날 (   )과 (   )가 든 (   )을 신부 집으로 보낸다. 신부 집에서 결혼식을 한 후에 신랑 집으로 가서 (   )을 드린다.

상례 喪죽을상

조선 사람들은 사람이 죽으면 하늘로 되돌아간다고 생각했다. 그래서 (   )라는 말을 사용했다. 가족들은 거친 (   )로 만든 상복을 입고 손님들을 맞이하였다. 부모가 돌아가시면 자식들은 (   )년 동안 상복을 입고 부모의 묘소를 지켰다.

제례 祭제사제

조선 시대 사람들은 부모가 돌아가신 후에도 정성을 다해 제사를 지내는 것을 효도라고 생각하였다. (   )라고 하여 (   ) 까지 제사를 지냈다.

2 우리 집에서 관혼상제를 치른 경험이 있으면 발표해 보세요. 조선 시대의 관혼상제와 다른 점은 무엇인가요?

관 례   혼 례   상 례   제 례

유교 전통
우리 집이나 주변에서 오늘날까지 이어져 내려오는
조선 시대의 유교 전통을 찾아보고, 글로 정리한 후 발표해 봅시다.

4 유교적 신분 질서

학습목표

• 유교적 신분 질서 아래 양반과 중인, 상민, 천민의 생활 모습을 이해한다.
• 조선 전기 여성들의 삶의 모습을 이해한다.

학습내용

01 조선의 신분 제도
02 양반의 생활 모습
03 상민의 생활 모습
04 천민의 생활 모습

공부하고 스스로 평가하기

○ 조선의 4가지 신분 제도가 무엇인지 말할 수 있어요. ☆☆☆☆☆

○ 조선 시대 양반들의 생활 모습을 말할 수 있어요. ☆☆☆☆☆

○ 조선 시대 상민(농민)들의 생활 모습을 말할 수 있어요. ☆☆☆☆☆

○ 조선 시대 천민, 조선 전기 여성들의 생활 모습을 말할 수 있어요. ☆☆☆☆☆

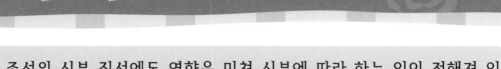

01 조선의 신분 제도

유교는 조선의 신분 질서에도 영향을 미쳐 신분에 따라 하는 일이 정해져 있었습니다. 조선 시대의 신분 제도를 알아봅시다.

조선의 4가지 신분 제도

조선 시대는 양천제라는 신분 제도를 바탕으로 신분을 크게 양인과 천민으로 구분했다. 양인은 양반, 중인, 상민으로 나뉘어졌다. 신분은 부모한테 물려받는 것으로, 태어나면서부터 정해져 있었다. 신분 사이에는 구분이 엄격했고, 상호 교류의 길이 거의 막혀 있었다.

신분은 바꿀 수 없었다.

아무리 재주가 뛰어나도 부모한테 물려받은 신분에서 마음대로 벗어날 수 없었다. 양반의 자식으로 태어나면 양반이 되고, 노비의 자식으로 태어나면 노비가 되는 것이다. 결국 누구의 자식으로 태어나느냐가 그 사람의 일생을 결정했다.

신분에 따라 정해진 역할이 있었다

조선 시대에는 신분에 따라 생활 모습도 매우 달랐다. 각 신분의 사람들은 같은 신분끼리 마을을 이루며 살았고 신분에 따라 하는 일이 다름을 당연하게 생각했다. 양반은 관리가 되어 나라를 다스리는 데에 직접 참여했으며, 중인은 양반을 도와 관청에서 일했다. 상민은 농업, 수공업, 상업 등에 종사했는데 농업에 종사하는 농민이 가장 많았다. 천민에는 '종'이라 부르는 노비들과 천하게 여겼던 직업에 종사한 사람들이 있었다.

▶ **양반**은 문관과 무관을 합해 부르는 말이다. 문무 관리와 가족, 그 친척들을 말한다.

▶ **중인**은 통역을 하는 역관, 의술을 담당하는 의관, 법률가인 율관, 그림을 그리는 화원 등을 말한다.

▶ **상민**은 농업, 상업, 수공업에 종사하는 사람들이지만 대부분 농민이었다.

▶ **천민**은 노비, 백정, 재인(광대), 무당, 창기 등이다.

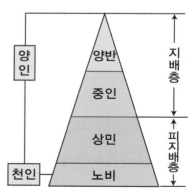

유교에서는 왕은 정치를 잘하기 위해 충직하고 현명한 신하의 바른말에 귀기울여야 하고, 나랏일을 맡은 관리들은 오직 의로움을 따져 행하며 사리사욕을 멀리해야 하며, 양반과 선비들은 바른 행실로 백성들의 모범이 돼야 한다고 가르쳤다. 농민과 상인, 수공업자는 정직하고 부지런해야 한다고 가르쳤다.

1 조선은 신분 사회였습니다. 신분이란 무엇인가요?

身 分
몸 신 나눌 분

2 조선 시대의 4가지 신분은 무엇인가요? 4가지 신분 중 가장 많은 사람을 차지하는 신분은?

3 다음 신분에 해당하는 사람을 〈보기〉에서 찾아 쓰세요.

> **보기** 상인   수공업자   역관   광대   백정   문관
> 율관   의관   농민   화원   노비   무관

양반

중인

상민

천민

4 유교에서 각 신분에게 가르치는 내용을 알맞은 것끼리 연결하세요.

왕 •

관리 •

양반과 선비 •

농민, 상인, 수공업자 •

• 바른 행실로 백성들의 모범이 돼야 한다.

• 정직하고 부지런해야 한다.

• 현명한 신하의 바른말에 귀를 기울여야 한다.

• 의로움을 따르고 사리사욕을 멀리해야 한다.

양반은 관리가 되어 나라를 다스리는 데에 직접 참여했으며, 중인은 양반을 도와 관청에서 일했습니다. 양반의 생활 모습을 알아봅시다.

양반의 생활 모습

양반은 문무 관리와 가족, 그 친척들을 말한다. 양반은 특권 신분으로 세금과 군대도 모두 면제되었고, 자기 땅의 농사나 집안일 등을 노비에게 맡기고 편안한 생활을 누렸다. 양반 남자는 어릴 때부터 '사서삼경' 이라 불리는 유교 경전을 공부하여 과거 시험을 보고 관리로 나가는 경우가 많았다. 양반 남자는 바둑과 장기 두기, 활쏘기, 시 짓기, 서예, 그림 그리기, 뱃놀이 등을 즐겼다. 양반집 여자들은 글공부는 했으나 관리가 될 수는 없었고, 주로 집안 살림을 챙기고 자녀들을 교육하는 데 많은 노력을 기울였다. 여가 시간에는 수를 놓거나 투호 등을 하면서 여가를 보냈다.

부유한 양반들은 기와로 지붕을 인 기와집에서 살았다. 기와집은 크게 사랑채와 안채 그리고 행랑채로 구분한다. 솟을대문을 통해 집 안으로 들어가면 행랑마당이 나오는데 이곳에 행랑채가 있다. 행랑채는 하인들이 생활하는 곳이다. 행랑채에서 오른쪽으로 난 문을 통해 들어가면 사랑채가 있다. 사랑채는 남자들이 생활하던 곳으로 이곳에서 독서를 하거나 손님 접대를 했다. 행랑 마당의 왼쪽으로 난 문을 통해 들어가면 안채가 있는데 이곳은 여자들이 머물던 곳이다. 안채는 대문에서 가장 먼 곳에 자리잡아 다른 사람이 쉽게 접근하지 못하도록 만들고, 밖에서 보이지 않게 담을 높이 쌓았다.

기와집   사랑방   안방

중인의 생활 모습

중인은 양민과 상민의 중간에 있는 계층이었다. 중인은 양반 밑에서 실무를 담당한 사람들이다. 관청에서 일하는 하급 관리, 의학이나 법률 등 전문직에 종사하는 사람을 말한다. 외국과 교류할 때 외국 사람과의 통역을 맡은 역관(譯통역할**역**, 官벼슬**관**), 의술을 담당하는 의관(醫의원**의**, 官벼슬**관**), 법률가인 율관(律법률**률**, 官벼슬**관**), 그림을 그리는 화원(畵그림**화**, 員관원**원**)들을 말한다. 이들은 신분의 제약으로 높은 관리로 출세하기는 어려웠다.

1 조선 시대 양반이란 누구를 말하나요? 왜 양반이라 부르나요?

2 양반들이 가진 특권은 무엇인가요? 양반들이 이러한 특권을 누릴 수 있었던 이유는 무엇인가요?

3 양반들이 살던 집은 어떤 집이며, 그 구조와 쓰임새를 설명해 보세요.

양반의 집

집의 구조

4 다음 글에서 양반한테 어울리지 않는 행동을 찾아 밑줄 치고 바르게 고쳐서 말해 보세요.

> 과거 시험에서 장원 급제를 한 윤장원이 첫 출근을 하는 날이다. 아침 일찍 의복을 단정히 하고 부모님께 문안을 드리고 밭으로 일하러 나갔다. 윤장원은 궁궐에서 왕에게 조언을 하고 관리들이 나쁜 일을 많이 저지르도록 감독하는 일을 맡았다. 퇴근 후 집에 돌아와 보니 아들 홍문이 유교 경전 공부를 게을리하여 아버님께 혼나고 있었다. 저녁을 먹고 나서 친구 이광춘의 초가집으로 가서 장기를 두었다.

5 다음 조선 시대의 중인이 하는 일은 무엇인가요? 중인이 고위 관료로 출세할 수 없었던 이유는 무엇인가요?

역관   의관   율관   화원

상민은 농업, 상업, 수공업 등에 종사하는 사람들을 말하며, 대부분 농민으로 조선 시대 백성의 대부분을 차지했습니다. 상민의 생활 모습을 알아봅시다.

상민의 생활 모습

상민은 농업, 어업, 상업, 수공업에 종사하는 사람들이지만 대부분 농민이었다. 농민들은 나라에 세금을 내고, 전쟁이 나면 군대에 가고, 나라에서 궁궐을 짓거나 다리를 놓는 등 큰 공사를 할 때에도 불려나가 일을 해야 했다. 그러니 농민들이 나라를 먹여 살린 거나 마찬가지였다. ㉠그래서 여러 왕들은 자기 땅을 가진 농민을 늘리려고 노력했다. 상민도 법적으로는 양인에 속하는 자유인으로 과거를 보고 벼슬에 오를 수 있었지만 현실적으로는 거의 불가능하였다. 여가 시간에 남자는 농악놀이, 차전놀이, 씨름, 고싸움놀이 등을 했다. 여자들은 집안일을 하면서 옷감 짜는 일을 했으며, 여가 시간에는 강강술래, 그네뛰기, 널뛰기, 놋다리밟기 등을 하며 즐겼다.

▶ **초가집**
농민들이 살던 집은 짚으로 지붕을 인 초가집이었다.

▲ **논갈이(김홍도)**
농민들은 벼농사를 짓고 밭 작물을 재배하는 데 시간을 보냈다.

▲ **길쌈(김홍도)**
농민의 아내는 농사일을 돕고 집안일을 하는 한편, 가족들의 옷을 짓기 위해 옷감을 짰다.

▲ **고누(김홍도)**
농민들은 농사일을 마치고 쉴 때에는 고누와 같은 간단한 놀이를 즐겼다.

1 다음 중 상민에 속하지 않는 사람은?

① 농민 　　② 상인 　　③ 천민 　　④ 수공업자 　　⑤ 중인

2 왕들이 ㉠처럼 농민의 숫자를 늘리려고 노력한 이유는 무엇인가요?

3 다음 놀이 중 상민들이 즐기던 놀이가 아닌 것은?

① 강강술래 　② 그네뛰기 　③ 널뛰기 　④ 놋다리밟기 　⑤ 바둑

4 다음 글에서 농민한테 어울리지 않는 행동을 찾아 밑줄 치고 바르게 고쳐서 말해 보세요.

> 충주네는 가족 중에서 가장 먼저 잠자리에서 일어났다. 밖은 아직 날이 밝지 않아 어두웠지만 남편과 아이들의 아침밥을 짓기 위해서 부엌으로 나갔다. 어제 산에서 캐온 나물을 무치고 보리밥을 해서 상을 차렸다. 김치와 나물 반찬 두 가지와 보리밥뿐이었지만 다들 맛있게 먹었다. 아침밥을 먹고 남편과 같이 궁궐로 일하러 갔다. 허리도 제대로 펴지 못하고 일하다 보니 어느덧 점심때가 되었다. 얼른 집에 가서 아침에 지은 밥과 반찬을 챙겨 나왔다. 점심을 먹고 오후까지 일을 하고 집으로 돌아왔다. 저녁밥을 먹고 남편은 가족으로 식구들이 신을 가죽신을 만들고, 충주네는 남편 옆에서 비단으로 옷을 만들었다.

5 다음은 조선 시대 사람들이 즐긴 민속놀이에 대한 설명입니다. 〈보기〉에서 알맞은 놀이를 찾아 쓰세요.

보기 　강강술래 　　격구 　　줄다리기 　　고싸움놀이

( ) 말을 타고 긴 막대기로 공을 쳐서 상대방 골문에 넣는 놀이. 발해 사람들이 즐기던 놀이로, 조선 초기에 유행했다. 세종은 격구가 무예 훈련에 큰 효과가 있다고 생각하여 무과 시험에 격구를 넣기도 했다. 격구를 잘하려면 말 타는 실력이 뛰어나야 하는데, 무관에게는 말 타는 실력이 매우 중요했기 때문이다.

( ) 정월 대보름 전후에 하던 민속놀이. 여러 사람이 두 편으로 나뉘어 머리에 타원형의 고가 달린 굵은 줄을 메고, 상대편 고를 짓눌러 먼저 땅에 닿게 하는 편이 이긴다.

( ) 전라남도 해안 지방에서 추석 전후에 하던 민속놀이. 우리나라 여성들의 대표적인 놀이. 오랜 옛날부터 전해졌다는 의견과 임진왜란 때 이순신 장군의 전술이었다는 의견이 있다.

( ) 마을 사람들을 두 편으로 나누어 볏짚으로 만들 줄을 끌어당기는 놀이. 정월에 일 년 농사를 계획하고 풍요를 비는 마음으로 협동하면서 일하기 위하여 하였다. 이긴 편은 그해 농사가 잘되고 병에도 걸리지 않는다고 생각했다.

조선 시대 가장 낮은 신분으로 천대받던 천민들의 삶과 유교 질서가 확산되기 전 조선 전기 여성들의 삶을 알아봅시다.

조선 시대 노비의 삶

조선 시대 천인에는 노비, 백정, 광대, 무당, 창기 등이 있었다. 그중에서 노비가 가장 많았다. 노비는 결혼하여 가정을 이룰 수는 있었으나 일종의 재산으로 취급되어 매매, 상속, 증여할 수 있었다. 부모 중 어느 한쪽이 노비인 경우 그 자식도 노비가 되었으며, 양인과의 결혼이 금지되었다. 조선 시대의 노비는 살기가 힘들었다. 노비는 평생 자신보다는 양반이나 다른 사람을 위해서 살아야 했다. 특히 주인인 양반의 말은 무조건 따라야 했다. 양반집 행랑채나 근처에 살면서 양반의 농사를 대신 짓고 집안일을 돌보며 부엌 살림과 안방의 심부름

노비추쇄문건

등 온갖 일을 맡아서 하였다. 노비가 신분 차별을 견디지 못하고 도망칠 경우에는 나라에서 노비를 잡아 주기도 하였다.

조선 전기 여성의 삶

조선 전기 여성들은 고려 시대와 비슷한 지위와 권리를 누리고 있었다. 유교 문화가 확산되기 전인 조선 전기에는 아들과 딸에게 재산을 고르게 분배하였고 제사도 아들과 딸이 돌아가며 지냈다. 그리고 여자들은 결혼 후에도 오랫동안 남편과 함께 친정에서 살았다.

그러나 유교 질서가 더욱 굳어진 조선 후기로 갈수록 여자의 지위는 점차 낮아졌다. 부모가 죽은 뒤 유산을 물려받을 때에도 시집간 여자라고 하여 적게 받거나 제외되는 경우가 많았으며 주로 제사를 지내는 아들 위주로 재산이 상속되기 시작하였다. 특히 양반 여자는 유교식 예절을 철저히 지키며 집안 살림을 챙기고 자녀를 교육시켜야 했기 때문에 상민 여자보다 더욱 엄격하고 통제된 생활을 하였다.

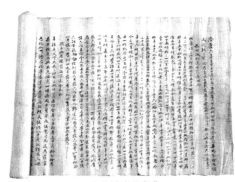

송순의 〈분재기〉

┃ 송순의 〈분재기〉 : 조선 명종 때의 관리였던 송순이 자신의 재산을 아들과 딸에게 고르게 나누어 준 내용을 기록한 글이다.

1 다음 천민이 하는 일은 무엇인가요?

노비   백정(白丁)   광대(廣大)

무당   창기(娼妓)   악공(樂工)

2 천민에 속하는 사람 중 가장 많은 수를 차지하는 사람은?

3 노비가 도망치면 어떻게 되었나요?

4 송순의 〈분재기〉를 통해 우리가 알 수 있는 사실은 무엇인가요?

分 財 記
나눌 분 재물 재 기록할 기

5 다음 중 조선 전기의 여성들의 생활 모습이 아닌 것은?

① 아들과 딸에게 재산을 고르게 분배하였다.
② 결혼 후에도 친정에서 살았다.
③ 시집간 여자는 재산 상속을 받지 못했다.
④ 아들과 딸이 돌아가면서 제사를 지냈다.

그림으로 신분 제도 이해하기

김득신의 반상도는 조선 시대 신분 제도가 잘 나타나 있는
그림으로 유명합니다. 그림에는 4명의 인물이 등장하는데,
각 인물의 신분과 그들이 무슨 생각을 하고 있을지 상상하여 말풍선에 써 봅시다.

신분 :

생각 :

신분 :

생각 :

신분 :

생각 :

신분 :

생각 :

[제30회 초급 21번 문제]

1. 학생들이 공통으로 이야기하고 있는 궁궐을 지도에서 옳게 찾은 것은? [3점]

① (가)　　② (나)　　③ (다)　　④ (라)

[제15회 초급 18번 문제]

2. 밑줄 그은 ㉠, ㉡ 인물에 대한 설명으로 옳은 것은? [3점]

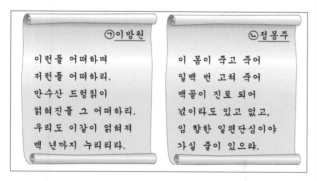

① ㉠ - 개성에 있는 선죽교에서 피살되었다.

② ㉠ - 호패법을 실시하여 인구 동태를 파악하였다.

③ ㉡ - 유교의 정신에 따라 한양을 설계하였다.

④ ㉡ - 여진을 몰아내고 4군 6진을 설치하였다.

[제9회 초급 14번 문제]

3. 다음 책의 내용에 대한 설명으로 옳은 것은? [2점]

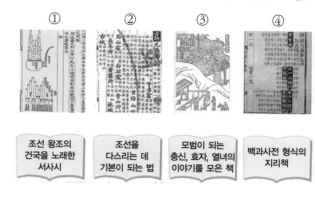

[제10회 초급 15번 문제]

4. 다음 (가)에 들어갈 과학 기구로 옳은 것은? [2점]

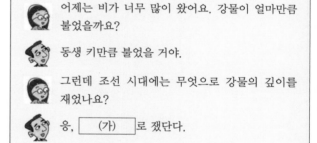

MEMO (알림장)

이 곳에 가고 싶어요

이번 달에 배운 유적지 중 가장 가보고 싶은 곳 하나를 골라
답사 계획서를 작성해 보세요.

유적지	
유적지 주소	
답사 예정 날짜	함께할 사람
가보고 싶은 이유	
더 조사하고 싶은 내용	

답사보고서 쓰기

답사 여행을 다녀와서

재미있게 답사를 잘 다녀왔지요? 보고서로 정리하면
더욱더 잊혀지지 않는 추억이 된답니다.

이름		날짜	년 월 일
유적지 이름			
같이 간 사람			
내가 본 유물과 유적			
느낀 점			
더 알고 싶은 점			

1차시 조선의 건국
03쪽~

01. 이성계, 위화도 회군(1388)

1. 이성계 등의 무인들, 홍건적과 왜구의 침입을 물리치면서.
2. 정도전 등의 유학자들, 과거 시험을 통해 벼슬길에 오르면서
3. 군사력을 갖고 있는 이성계와 힘을 합쳐 고려를 개혁하기 위해서
4. ❶ 군사를 되돌림
   ❷ 5만 명의 군사를 이끌고 요동 정벌을 떠났던 이성계가 압록강의 위화도에서 군사를 되돌려 개경으로 돌아왔기 때문에 / 지도에서 고려장성과 원나라 사이에 있는 섬 위화도를 찾아본다.
   ❸ ③번
   ❹ 개경으로 돌아와 최영을 제거하고 모든 군사권을 장악했기 때문에

02. 고려 멸망, 조선의 건국(1392)

1. 온건 개혁파 – 고려 사회의 문제점은 고쳐야 하지만 새나라 건설에는 반대
   급진 개혁파 – 고려를 없애고 새나라 건설에 찬성
   / 자유롭게 자신의 의견을 말해 본다.
2. ㉠ 우리도 함께 어울려 오래오래 살자. → 새나라 조선에서 행복하게 살자.
   ㉡ 고려에 대한 충성이 변할 수 없다. → 절대 고려를 버릴 수 없다.
3. 정몽주 / 선죽교
4. ❶ 고조선을 계승한다는 의미
   ❷ ③번
   ❸ ①번

03. 조선의 수도 – 한양

1. 개경은 약 500년 간 고려의 수도로 고려 지배 세력들의 힘이 강한 곳이라 이성계는 새롭게 정치를 펼칠 수 있는 곳이 필요했기 때문에.
2. ❶ 남쪽 끝 → 중앙 / ❷ 불편했다 → 유리했다.
   ❸ 낙동강 → 한강 / ❹ 개펄 → 평야
3.

（지도）
숙정문
경복궁 / 창덕궁 / 창경궁
사직단 / 광화문 / 육조
경희궁 / 종묘
운종가 / 흥인지문
돈의문 / 청계천
덕수궁
숭례문

04. 조선의 궁궐 – 경복궁

1. 왕과 백성이 태평성대를 누릴 큰 복을 빈다. / 정도전

2. (맨 아래에서 시계 반대 방향으로) 광화문 – 1번 – 경복궁의 정문 / 근정전 – 5번 – 공식 행사나 조회 등 사용 / 사정전 – 6번 – 임금의 사무실 / 교태전 – 17번 – 왕비의 침실 / 경회루 – 19번 – 연회장 / 향원정 – 24번 – 정자

2차시 세종 때 꽃핀 조선의 문화
13쪽~

01. 세종이 왕이 되다!

1. ❶ 태조
   ❷ 세자인 이복동생 방석과 방석을 지지하던 정도전을 죽이고 왕이 되었다. / 태종
   ❸ 태종이 왕의 자질이 모자란 맏아들 양녕대군을 세자에서 폐하고 총명한 셋째 아들 충녕대군을 왕으로 삼았다. / 4대 왕
   ❹ 자신이 알고 있는 왕을 찾고, 소개해 본다.
2. 병사(태종)/8,관찰사(태종)/호패(태종)/집현전(세종)
3. 황해도 : 황주+해주 / 강원도 : 강릉+원주 / 충청도 : 충주+청주 / 경상도 : 경주+상주 / 전라도 : 전주+나주

02. 조선의 대외 관계

1. 큰 나라인 명나라는 섬기고, 이웃 나라인 일본과 여진은 친하게 지낸다.
2. 명나라 수출품 : 모시, 화문석, 인삼 / 수입품 : 비단, 도자기, 서적, 약재
   여진 수출품 : 식량, 농기구 / 수입품 : 말, 모피, 은
   일본 수출품 : 식량, 의복, 서적 / 수입품 : 구리, 황, 향료
3. ❶ 4군 – 압록강 유역 – 최윤덕 / 6진 – 두만강 유역 – 김종서
   ❷ 조선의 영토가 압록강에서 두만강까지 확장되었다.
   ❸ 한반도와 일본 사이에 있는 쓰시마 섬을 찾아 표시한다.

03. 문화의 발달 : 훈민정음 창제

1. (한자는 배우기가 어려워 백성들이 글을 읽고 쓰지 못하는 현실을 안타깝게 여겨) 백성들이 쉽게 배워서 쓸 수 있는 쉬운 글자가 필요했기 때문에
2. 오른쪽 – 훈민정음 해례본 : 훈민정음의 창제 동기와 의미, 사용법 등을 소개하기 때문에 / 왼쪽 – 훈민정음 언해본 : 백성들에게 널리 알리기 위해 훈민정음을 한글로 풀이했기 때문에
3. 자유롭게 자신의 생각을 말해 본다.
   (예시 : 찬성 – 당시에는 중국의 힘이 강했기 때문에 중국의 눈치를 볼 수밖에 없어. 반대 – 우리말을 소리나는 대로 쓸 수 있는 훈민정음을 익혀 중국 말에서 벗어나 우리 글자로 말과 생각을 자유롭게 표현할 수 있는 세상을 만들어야지!)
4. 농사직설 – 우리 땅에 맞는 농업 기술로 농사를 지을 수 있다. / 향약집성방 – 우리 땅의 식물과 약초를 정리해 백성들의 질병을 고치는 데 도움을 주었다. / 삼강행실도 – 백성들이 일상생활에서 유교 윤리를 실천할 수 있도록 도와 주었다.

04. 과학의 발달 : 농업 과학 기구 발명

1. (왼쪽 위부터) 혼천의 – 천체 관측 기구 / 간의 – 천체 관측 기구 / 측우기 – 빗물 양 측정 / 앙부일구 – 해시계 /

자격루 – 물시계 / 수표 – 빗물 양 측정 / 칠정산 – 우리나라 역법서 (달력) / 갑인자 – 금속활자 / 풍기대 – 바람의 방향과 세기를 재는 풍기의 받침대 – 조선 경제를 발전시키기 위해 농사가 중요했기 때문에 과학적으로 농사를 지을 수 있는 방법과 농업 기술을 연구하고 백성들에게 보급할 수 있는 많은 과학 기구를 발명했다.

3차시 유교 문화의 확산　　23쪽~

01. 세종, 〈삼강행실도〉

1. ① 부위자강　② 부위부강　③ 군위신강
2. ① 부자유친　② 군신유의　③ 부부유별
　④ 장유유서　⑤ 붕우유신
3. 불교와 민간 신앙을 믿으며 생활한 백성에게 유교의 가르침을 쉽게 보급하기 위해서.
4. ②번
5. 세종 이후에도 계속 책을 펴내 조선의 도덕책으로 사용되었다.

02. 성종, 〈경국대전〉

1. 경국대전
2. 고려 시대의 법 – 죄인을 다스리는 내용 중심
　경국대전 – 정치, 경제, 사회, 문화의 기본 규범을 담은 종합적인 법
3. ① 유교　② 법　③ 부모님　④ 효　⑤ 16　⑥ 호패　⑦ 8
　⑧ 15　⑨ 14　⑩ 부모　⑪ 빚　⑫ 자식　⑬ 3　⑭ 100
　– 지금은 17세 이상의 모든 국민에게 주민등록증을 발급한다. / 남녀 모두 나이가 만 18세 이상일 때 결혼할 수 있다.

03. 학교에서 유교를 가르치다

1. 초등학교를 대신할 수 있는 새로운 이름을 자유롭게 지어 본다.
2. 조선 시대 – 배운 내용을 소리 높여 읽고 그 뜻을 물어 보고 대답하는 것.
　/ 자신이 학교에서 어떤 식으로 수업하는지 자유롭게 말해 본다.
3. 대성전 / 공자와 선배 유학자들의 신위를 모신 사당
4. 서당 →서울 : 4부 학당, 지방 : 향교 → 성균관 /
　과거시험에 합격해 관리가 되는 것, 자신의 꿈을 자유롭게 말해본다.
5. 문과 : 유학 경전에 대한 지식, 문장 짓는 능력
　무과 : 말타기와 활쏘기
　잡과 : 의학, 법률 등과 같은 일

04. 유교의 생활화 – 관혼상제

1. – 15, 관례, 계례 / 신부 집, 옷감, 편지, 함, 폐백 / 돌아가셨다, 삼베, 3 / 4대 봉사, 부모, 조부모, 증조부모, 고조부모
　– 혼례 / 관례 / 제례 / 상례
2. 자신의 경험을 자유롭게 발표해 본다. (예시 : 만 20세가 된 언니가 성인식 날 장미꽃과 향수를 받았어요.)

4차시 유교적 신분 질서　　33쪽~

01. 조선의 신분 제도

1. 태어날 때부터 정해져 있는 개인의 사회적인 위치
2. 양반, 중인, 상민, 천민 / 상민
3. 양반 – 문관, 무관
　중인 – 역관, 율관, 의관, 화원
　상민 – 상인, 수공업자, 농민
　천민 – 광대, 백정, 노비
4. 왕 – 현명한 신하의 바른말에 귀를 기울여야 한다.
　관리 – 의로움을 따르고 사리사욕을 멀리해야 한다.
　양반과 선비 – 바른 행실로 백성들의 모범이 돼야 한다.
　농민, 상인, 수공업자 – 정직하고 부지런해야 한다.

02. 양반의 생활 모습

1. 문무 관리와 가족, 그 친척들을 말한다. / 문반과 무반을 합해 부르는 말
2. 세금과 군대 면제, 자기 땅의 농사나 집안일 등을 노비에게 맡기고 편안한 생활을 누렸다. / 관리가 되어 나라를 다스리는 데 직접 참여했기 때문에.
3. 기와집 /
　사랑채 – 남자들이 머물거나 손님 접대를 하는 곳
　안채 – 집안의 여자들이 생활하는 곳
　행랑채 – 집안의 하인들이 생활하는 곳
4. 밭으로 → 궁궐로 / 저지르도록 → 저지르지 않도록 / 초가집 → 기와집 / 5. 역관 : 외국 사람과 통역, 의관 : 의술 담당, 율관 : 별률가, 화원 : 그림을 그리는 일 / 신분의 제약이 있었기 때문에

03. 상민의 생활 모습

1. ⑤번
2. 농민은 세금을 내고 전쟁이 나면 군대에 나가기 때문에 농민이 많으면 왕은 많은 세금과 군사를 가질 수 있기 때문에.
3. ⑤번
4. 궁궐→논,밭 / 가죽으로 식구들이 신을 가죽신을 만들고 → 짚으로 식구들이 신을 짚신을 만들고 / 비단 → 천
5. 격구, 줄다리기, 강강술래, 고싸움놀이

04. 천민의 생활 모습

1. 노비 : 양반의 농사를 대신 짓고 집안일을 돌보며 온갖 일을 맡아서 했다. / 백정 : 소나 말을 도살하는 일 / 광대 : 묘기를 부르는 일 / 무당 : 굿판을 벌이거나 운세를 봐주는 일 / 창기 : 관원의 술시중을 들거나 춤, 노래로 연회나 행사에서 흥을 돋우는 일 / 악공 : 악기를 연주하는 일
2. 노비
3. 나라에서 노비를 잡아 준다.
4. 조선 전기에는 여성의 지위가 남성과 비슷해 재산을 물려받고 제사도 지낼 수 있었다.
5. ③번

기출문제풀어보기　1. ②　2. ②　3. ③　4. ①　　43쪽